Moderato
piano
ben espressivo
Caramelos de Violeta
PARIS

MIRANDA

SON ITZIAR Y JORGE MIRANDA

Thilopía

LOLA CASTEJÓN
FERNÁNDEZ DE GAMBOA

Edelvives Talleres Gráficos. Certificado ISO 9001
Impreso en Zaragoza, España

ISBN: 978-84-140-1077-8
Depósito legal: Z 1830-2017

Hedy

COLECCIÓN MIRANDA

ILUSTRACIONES
Thilopía

EDELVIVES

Me llamo Miranda y tengo ocho años.

Me gustan las pompas de jabón, el olor de las tardes de lluvia y los pájaros que me caben en la mano.

ME GUSTAN LOS PÁJAROS QUE ME

Me gustan los caramelos de violeta y también me gusta jugar con las teclas negras del piano que hay en casa de mi abuela porque siempre suenan bien. Me gusta subir montañas y bañarme en los lagos helados, aunque a veces se me corte un poco la respiración.

CABEN EN LA
MANO
LES OISEAUX

No sé si es cosa mía, pero me parece que todo el mundo a mi alrededor está obsesionado con el futuro, en concreto con el mío. Y es que desde hace un tiempo cualquier persona con la que me cruzo, ya sea mi vecina la del quinto o mi tío segundo de Albacete, me pregunta qué quiero ser de mayor. Yo no sé si les interesa de verdad o es que no saben de qué hablar conmigo y lo hacen para romper el hielo, como cuando mi padre quiso ligar en su día con mi madre y no se le ocurrió otra cosa que tirarle la caña con un «¿Y tú estudias o trabajas?». Que yo pienso «¡Y a ti qué te importa, cenutrio!». Vamos, si hubiera sido yo, apañado iba.

El asunto es que, cuando alguien me hace la preguntita de marras, nunca sé qué responder. Creo que no entienden que solo tengo ocho años y ni siquiera tengo claro lo que voy a hacer mañana. ¿Igual es que soy un poco desustanciada? Pues bien feliz que soy, oye. Bueno, *era,* porque a lo tonto llevo días dándole vueltas, intentando saber a qué me gustaría dedicarme.

Si me pongo a pensar, hay profesiones que, a bote pronto, me encantan, como cocinera, tenista o farmacéutica, pero siempre hay algo en ellas que me tira para atrás. Por ejemplo, una de mis preferidas es veterinaria. Está mal que yo lo diga, pero tengo muy buena mano con los animales (mi gato Alfredo no tiene ninguna queja por ahora) y me caen bien prácticamente todos. Incluso el ornitorrinco, que es raro a más no poder. El problema es que, para ser veterinaria, no basta solo con que te gusten los

bichos. Hay veces en que sus vidas dependen de tus manos y yo, sinceramente, no me veo operando a corazón abierto a un gorrino, o ayudando a una vaca a parir. ¡Si a la que veo un poco de sangre me dan los siete males!

Me he empezado a preocupar un poco cuando les he preguntado a mis amigos, Celia y Lichi, y me han dicho que ya tienen clarísimo lo que quieren ser de mayores. Ella está obsesionada con los aviones porque vive cerca del aeropuerto y los oye a todas horas (yo si fuera Celia los odiaría, pero bueno… hay gente para todo), por lo que quiere ser ingeniera aeronáutica. Lichi, en cambio, quiere ser notario, que ninguno de los tres sabemos exactamente en qué consiste, pero él dice que se gana mucho dinero por firmar cosas y por algo llamado «dar fe» (me imagino que tendrá algo que ver con la religión, no sé).

Así que, con la tontería, me estoy comiendo la cabeza cosa mala. Me da miedo que, con tanta indecisión, acabe con treinta años encerrada en una oficina, pasando horas y horas delante de un ordenador y con retención de líquidos por estar todo el día sentada. Ojo, que yo no tengo nada en contra de las oficinas ni de quienes trabajan en ellas, faltaría más, pero es algo que, sencillamente, a mí no me va.

Con todo el lío que tengo, le he ido a pedir consejo a mi tío Nacho, que aunque es un auténtico cocinillas, en realidad no sé muy bien cómo se gana la vida. Lo primero que me ha dicho es que no corra tanto, que es pronto para decidir y que mis amigos,

aunque parezca que lo tienen claro, tampoco tienen ni pajolera idea de lo que quieren ser. Pero lo que más me ha aliviado es que, según él, no tiene por qué ser solo una cosa. Sin ir más lejos, a él ya le ha dado tiempo a ser camarero, jardinero, actor, cocinero y electricista.

Esto me ha dejado muy loca: yo creía que una vez que empezabas a trabajar, ya no podías cambiar y tenías que hacer lo mismo hasta que te jubilaras. Para dejarme aún más tranquila me ha contado la historia de Hedy Lamarr, que en sus años se dedicó a todo lo habido y por haber. Eso sí, a mí me gusta más llamarla Hedy, el cerebrito que salía en pelis.

Y es que a mí, en realidad, lo que más me gusta del mundo es que me cuenten historias, y más si son de verdad.

CAPÍTULO 1

Hedy salió del hospital donde nació vestida de azul, con el nombre de Jorge bordado en el pelele y con menos nariz que un cangrejo. Era más graciosa que bonita, como puede serlo un perrete bizco o un gato con la cola torcida. Su padre, que estaba convencido de que su primogénito iba a ser un varón, se llevó un disgustillo. Le costó un poco hacerse a la idea, pero más pronto que tarde esa regordeta mofletuda le robó el corazón. Tanto que para compensar la contrariedad, le puso un nombre muy largo: Hedwig Eva Maria, Kiesler de apellido.

Su madre, una pianista como la copa de un pino, dejó sus partituras cogiendo polvo y se dedicó a criarla con mucho amor. Y su padre, pese a ser un banquero muy ocupado en sus negocios, siempre sacaba un ratito al día para pasear con ella y contarle cuentos de hadas que Hedy, más tarde, interpretaba debajo de la mesa de su despacho. Y lo hacía con mucho sentimiento, como si estuviera en un gran teatro lleno de espectadores. Seguro que algo del talento de su madre se le había quedado pegado en los genes.

Mi abuela Leo, que es una fan de las novelas de después de comer y de las pelis de terror, siempre que le gusta un actor se

HEDWIG
EVA
MARIA
KIESLER
Königshütte
Prague
Cracow
VIENNA
VIENNA

pregunta: «¿El artista nace o se hace?». Yo nunca he entendido bien la pregunta, pero creo que más bien se hace, porque no veo yo a un bebé en la tripa declamando *Romeo y Julieta.* También es verdad que cuando Hedy nació todo el mundo en Viena estaba en los cafés hablando de cine, de teatro o sobre la ultimísima obra maestra de Gustav Klimt, que por aquel entonces era el pintor de moda (un *«must»,* que dicen ahora los modernos como mi tía Marta y que significa que más vale que lo conozcas, porque si no, no estás al día). Igual nacer en una ciudad con tanta vidilla cultural también influye. El caso es que desde pequeña ya apuntaba maneras.

Gracias a que venía de una familia que tenía el dinero por castigo, pudo estudiar en los mejores coles de Austria y Suiza. Sus profes flipaban con lo lista que era, sus notas no bajaban de un notable alto ni aunque tuviera un mal día. Decían que era superdotada y aun así sus padres, que eran más rectos que un palo, en vacaciones le ponían varios profes particulares para que, entre la piscina, la playa y los helados, no se le olvidara nada de lo que había aprendido durante el curso. A mí me parece exagerado; creo que después de todo un año hincando los codos es necesario un poco de locura veraniega para limpiar el cerebro de tantos deberes. Porque eso de que el saber no ocupa lugar habría que verlo. Yo, cuando llega junio, tengo la cabeza como un bombo de tanto contar en decenas, centenas y millares.

El caso es que Hedy era una empollona de cuidado. Hablaba alemán, italiano y francés; tocaba el piano y bailaba el vals vienés a la perfección. Eso sí, con una sonrisa pero sin mucha gracia porque le parecía un tostón. Yo creo que es que las niñas ricas siempre tienen que parecer contentas para que los demás no piensen que son unas desagradecidas. También es verdad que dormir en sábanas de algodón egipcio y desayunar todos los días cola de langosta mientras escuchas música clásica tiene que ayudar.

Hedy, además de ser una lumbrera, también era el patito feo de la clase. Quién le iba a decir que años más tarde todas las mujeres iban a soñar con tener su nariz y su pelazo. Y es que, con el tiempo, se iba a convertir en la mujer más bella del mundo. Pero eso ella todavía no lo sabía, claro. Y tampoco creo que le importara mucho.

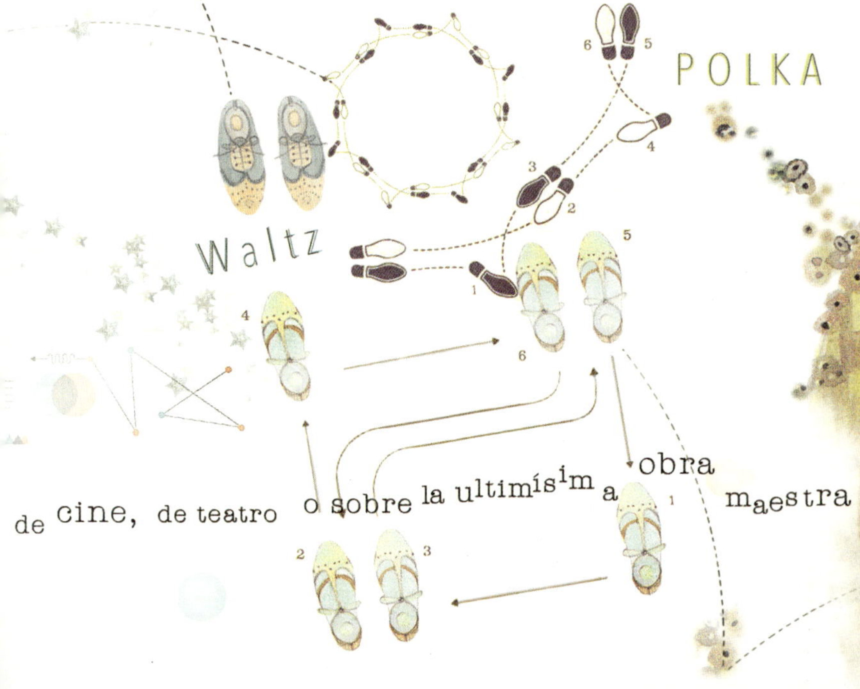

de Gustav Klimt

CAPÍTULO 2

Con lo bien que se le daban las clases, a Hedy se le ocurrió estudiar una de esas carreras complicadísimas, así que a los dieciséis años se lio la manta a la cabeza y empezó Ingeniería. Yo no sé cómo eran estas cosas por entonces, pero no conozco a nadie que empiece la universidad tan pronto. Vamos, con dieciséis años aún estás en la edad del pavo. Para mí que, como iba tan adelantada en el colegio, pudo saltarse varios cursos de golpe.

Hedy eligió Ingeniería porque le pirraba todo lo relacionado con cablecitos y motores y, sobre todo, le encantaba saber cómo funcionaban las cosas. Seguro que era un poco como mi abuelo Vicente, que se puede pasar una mañana entera montando y desmontando lo primero que pille, desde una tostadora hasta un transistor de los viejos.

Para aflojar la sesera de tantas fórmulas y quebrados que tenía que memorizar, cada semana iba al kiosko y se regalaba unas cuantas de revistas de variedades. Las que más le gustaban eran las de cine. Cuando las leía era su momento especial del día, porque su cabeza por fin se sentía libre y, como era bastante fantasiosa, le daba por imaginarse mil y una películas en las que ella era la protagonista.

A Hedy empezó a rondarle por la cabeza la idea de ser actriz, pero lo veía complicadísimo. Creía que sus padres se pillarían un berrinche de los gordos si su hijita del alma les salía artista y, además, ella no sabía si realmente valía para eso. Y es que no es lo mismo actuar a tu bola sin que nadie te vea, que hacerlo en un teatro de verdad, con cientos de personas mirándote fijamente. A todo esto, cada vez que iba y venía de la facultad, pasaba por delante de unos estudios de cine llamados Sascha, que la atraían como los churros a mi hermano Tato. Ella siempre se acercaba e intentaba cotillear el interior a través de los cristales, pero nunca se atrevía a entrar. Un día, en el que ya no pudo aguantar más la tentación, hizo pellas y se plantó enfrente de los estudios. Estuvo un rato fuera, dudando y dudando, hasta que finalmente respiró hondo y entró.

Nada más cruzar la puerta, Hedy se tropezó con un tal Granowsky, que era director de cine y, toda envalentonada, le pidió una audición para su próxima película. La verdad es que la prueba no le fue nada bien; estaba supernerviosa y le temblaba todo el rato el labio de abajo. Aun así, la cogieron por guapa. A Hedy le había sentado muy bien la adolescencia y se estaba convirtiendo en un bellezón de los pies a la cabeza. Además,

como la peli era muda y su papel cortito, el director pensó que a poco que hiciera ya quedaría resultón.

Hedy volvió a casa con un subidón del quince, ¡su aventura había merecido la pena! Aunque tenía miedo de la cara que pondrían sus padres, estaba tan emocionada que cuando los vio les soltó sin paños calientes: «Quiero ser actriz». Al principio se quedaron un poco mudos, la verdad, eso significaba que su hijita dejaría la Ingeniería. No les quedó más remedio que aceptar porque, todo hay que decirlo, Hedy era el ojito derecho de su padre y este no sabía decirle que no.

La peli no fue mal, sobre todo para Hedy. Todo el mundo que la veía se preguntaba de dónde habían sacado a esa chiquilla tan guapa. Ahora que sabía que la cámara la quería, tenía que dar el siguiente paso: tomarse en serio lo de ser actriz, y para eso tenía que ir a las mejores academias. Así que Hedy se plantó en Berlín (que por aquel entonces debía de ser lo más de lo más de la actuación) con una maleta cargada de *Wiener Schnitzel,* que son los escalopes empanados de toda la vida, y de tarta Sacher, que es una delicia muy típica de Viena.

Había oído que el mejor sitio para aprender era la escuela de teatro del director Max Reinhardt. Como ya había hecho en los estudios de cine Sascha, le echó un morro que te mueres y se coló dentro de la escuela para ver un ensayo.

Cuando Max la vio, le preguntó que qué narices estaba haciendo allí. Ella le dijo, con la voz más dulce que fue capaz de sacar por su garganta, que era una actriz principiante y que quería ensayar con él para poder convertirse en una grande. Algo especial tuvo que ver Max en ella, está claro, porque la aceptó como alumna y la preparó para ser una actriz con todas las letras.

CAPÍTULO 3

Max le enseñó que una intérprete tiene que leer mucho, porque cuanto más lees mejor hablas; y también que una actriz es como una espía: tienes que aprender un poco de todo porque nunca sabes si vas a tener que hacer de carnicera, princesa, maestra o cuñada. La obligó a ver todas las obras de teatro que había en la cartelera, le presentó a gente importante y le dio sus primeros papeles, tanto en los escenarios como en pelis que ya eran sonoras y no mudas. No era la *prota,* ni mucho menos, pero a ella le servían como entrenamiento y para darse cuenta de que no hay personajes pequeños sino artistas mediocres (que quiere decir que son bastante regulares tirando a malos), porque gracias a esos papelillos recibió unas críticas del copetín.

Y así iba, chano chano, como dice mi abuelo Vicente, haciéndose un hueco en el mundillo del *artisteo* alemán, hasta que por fin le llegó el papel de su vida. La película se llamaba *Éxtasis* y trataba de una chica joven que se casa con un señor mayor. En la noche de bodas ella se da cuenta de que eso no va a ninguna parte, porque el marido es un rollo patatero, y vuelve a casa con su madre. Un día, dando un paseo a caballo con una calorina de torrarse, decide darse un baño fresquito en el lago. Como se le ha olvidado el bañador, se da el chapuzón en pelotillas. Vamos, lo que haríamos todos en una situación así.

A ella el guion le pareció curioso y el desnudo más que justificado (¡no se iba a bañar con el vestido puesto!), pero a la hora de rodar las cosas cambiaron. Le daba, como es normal, mucho corte. El director, un tal Machaty que se las sabía todas, le dijo que no se preocupara, que las cámaras estarían lejísimos y que apenas se le verían las canillas. Ella confió: se desnudó detrás de un árbol y se metió lo más rápido que pudo al agua.

Cuando la peli se estrenó estaba de los nervios, no había encontrado el momento de contarles a sus padres la dichosa escenita. Creo que en el fondo pensaba que, como apenas se la iba a ver, para qué darles un disgusto. Pero cuando llegó el momento fue peor de lo esperado. El listillo del director había usado unas cámaras con teleobjetivos, que son unos cacharros que ven las cosas que están muy lejos como si estuvieran a centímetros. Vamos, unos prismáticos profesionales. ¡Menudo sinvergüenza! Yo lo mato. Hedy también lo quiso matar en ese momento, ¡se le veían hasta los pelos del sobaco! Su padre se levantó del cine muy airado, la cogió del brazo y le dijo: «Tira para casa, no vas a volver a actuar en tu vida». A ella, después de eso, también le entraron ganas de dejarlo.

Estuvo encerrada en su habitación, muerta de la vergüenza, durante una semana. No quería ni merendar. Se ponía roja hasta cuando se miraba en el espejo. Ahora, todos los que fueran al cine la verían desnuda. A mí me parece que tampoco es para tanto, ya ves tú, todos tenemos más o menos lo mismo en el cuerpo, pero en aquella época el destape estaba muy mal visto. Como era de esperar, la peli la hizo mundialmente famosa: era la primera actriz que se desnudaba delante de las cámaras, y ser la primera en algo siempre te da mucho bombo. Su buzón rebosaba de guiones con personajes increíbles y, aunque al principio no quería ni leerlos, el gusanillo del teatro le ganó la batalla y volvió a actuar.

La siguiente ocasión fue encima de un escenario, interpretando a Sissi, la reina Isabel de Austria, y fue donde Fritz Mandl, su primer marido, se enamoró de ella. Bueno, más bien se encaprichó, porque yo creo que el amor es otra cosa.

CAPÍTULO 4

Mandl era un fabricante de armas muy amiguete del alemán Hitler y del italiano Mussolini, que eran lo peor de cada casa: unos dictadores que querían ser los dueños del mundo y que todos fueran altos y rubios (y eso que ellos eran morenos y más bien chaparritos). Las malas lenguas dicen que Mandl era el peor de los tres, al que se le ocurrían las fechorías para que los otros dos se metieran en guerras y así él poder venderles sus bombas y ser cada vez más rico. Yo no sé si tenía tanto poder, pero la verdad es que siempre se salía con la suya.

A Hedy, sin ir más lejos, le llenó durante una semana el camerino con tantas flores que no había sitio ni para dejar un pintalabios. Y, antes de que ella pudiera mandarle un telegrama dándole las gracias, él ya había llamado a sus padres para decirles que iba a pedirle a su hija salir. En la primera cita que tuvieron, Mandl casi la obligó a casarse con él. Y es que este hombre no sabía pedir las cosas por favor, las exigía. Y tampoco tenía mucha paciencia, por lo visto.

Así que Hedy, sin darse cuenta, se vio viviendo en un castillo con más habitaciones y más sirvientas de las que podía imaginar. Por supuesto, tuvo que dejar de ser actriz. Esa era una profesión inapropiada para la esposa de un ricachón. Ella solo podía dedicarse a sonreír en las cenas que organizaba su marido, en las que tenía que ir de punta en blanco y hablar solo si alguien le preguntaba (a poder ser con párrafo corto, sin enrollarse).

Hedy se aburría como una ostra, estaba harta de escuchar batallitas. Además, Hitler le parecía un estrafalario y Mussolini, un creído. Tampoco podía quedar con sus amigas porque Mandl solo la dejaba salir si era con él. La tenía secuestrada como si fuera una de esas princesas de cuento. Como era tan listísima, retomó a escondidas sus estudios de Ingeniería para matar el tiempo.

Más de una vez intentó escaparse, pero su marido siempre la pillaba. Tenía micrófonos escondidos por toda la casa para controlarla, le miraba hasta las suelas de los zapatos para asegurarse de que no había salido a pasear sin él. Y todas las noches, después de que una de las doncellas la acompañara a hacer el pis de antes de acostarse, la encerraba con llave en su habitación. Hedy estaba desesperada, se daba cabezazos contra las paredes porque, aunque era más inteligente que él, no encontraba la forma de escapar de esa cárcel.

Finalmente, una casualidad de la vida la salvó. Resulta que tenía que contratar a una nueva criada porque en el castillo siempre faltaban manos, así que buscó y rebuscó por toda Austria y alrededores hasta que encontró a una muchacha que se parecía mucho a ella: misma altura, mismo pelo, misma edad. Durante meses estuvo imitando su forma de moverse; incluso le

oPrague
oVIENNA
AUSTRIA
Graz
Trieste
Fiume
BERLIN
AUSTRIA
VIENNA
DANUBE
PRATER
AUSTRIA
BERLIN
FRANCE
GERMANY
PARIS
FRANCE
BERLIN

robó un poco de crema, unas gotitas de su perfume y uno de sus uniformes. Cuando encontró el momento adecuado, salió de la mansión haciéndose pasar por ella. Nadie lo notó. Consiguió llegar a la estación de trenes sin que nadie la siguiera y se fue a París.

Cuando Mandl se enteró, ella ya estaba disfrutando de las sopas de cebolla. Le hubiera gustado ir a buscarla y traerla de los pelos, pero le pilló demasiado ocupado en uno de sus negocios y, sobre todo, no quería montar un escándalo en un país donde tenía tantos amigos influyentes. Tenía que reconocer que ella le había ganado la partida. Había sido más espabilada.

Después de muchas idas y venidas, Hedy consiguió que anularan su matrimonio como si nunca hubiera existido. La pesadilla había terminado. Ahora podría retomar su profesión, pero París no era el mejor sitio: se estaba liando parda con la Segunda Guerra Mundial. Así que vendió todas sus joyas y se fue a Londres.

CAPÍTULO 5

Nada más pisar tierras inglesas, Hedy sintió un alivio enorme, como cuando juegas a aguantar la respiración debajo del agua y, finalmente, sales a la superficie y llenas tus pulmones de rico aire. Lo malo es que no sabía muy bien qué hacer allí. Por suerte, algunos productores no se habían olvidado de su pasado como actriz, así que en cuanto se enteraron de que estaba en Londres les faltó tiempo para ofrecerle un montón de proyectos.

Dio la casualidad de que un productor de Hollywood, llamado Louis Burt Mayer, estaba por allí buscando jóvenes talentos. Aunque Hedy no lo conocía ni de oídas, el tal Louis no era cualquier tipo: era, ni más ni menos, el mandamás de la Metro Goldwyn Mayer, que seguro que os suena porque antes de todas sus pelis aparece un león rugiendo como si estuviera muerto de hambre.

Por supuesto, Louis quiso conocer a Hedy y la invitó a tomar un té con pastas a su hotel. Ella estaba como un flan, no tanto por la oportunidad que se le estaba presentando delante de sus narices (que también, ojo), sino porque su inglés dejaba mucho que desear. Era un poco como mi padre, que dice que lo chapurrea pero no pasa del *«Hello»* y el *«Nice to meet you»*.

La entrevista iba mejor de lo que Hedy se esperaba, aunque Louis era muy santurrón y se puso muy pesado con su famoso desnudo en la película *Éxtasis:* que si en América eso estaba muy mal visto, que él no hacía esas vulgaridades, que si patatín, patatán. Ella tuvo que morderse la lengua para no decirle cuatro cosas, estaba a puntito de estallar. La gota que colmó el vaso fue cuando Louis le ofreció un contrato para ir a Hollywood y convertirla en una estrella, pero pagándole un sueldo muy justito. A Hedy le pudo el orgullo y le dijo que por esa miseria ni se levantaba de la cama.

En cuanto salió del hotel, Hedy se dio cuenta de que había metido la pata hasta el corvejón y que seguramente había perdido la oportunidad de su vida. Además, era demasiado tarde para echarse atrás, porque Louis tenía que salir pitando para coger el barco de vuelta a los Estados Unidos. Ella, que era de sangre caliente, no se lo pensó dos veces y compró un billete para el mismo barco. Estaba segura de que con tantas horas de travesía podría arreglar el desaguisado. ¡Y vaya si lo hizo! Louis alucinó con el atrevimiento de Hedy y la contrató por mucho más dinero que la calderilla de antes. Eso sí, a cambio se tenía que poner las pilas a base de bien con el inglés.

Cuando desembarcaron en el puerto de Nueva York, ya se había corrido la voz de que Hedy, la que había salido desnuda en una peli, iba en el barco, por lo que un montón de periodistas se pelearon para hacerle fotos a la nueva belleza del cine. Así de impresionables eran en aquella época. Finalmente, Hedy llegó a

HOLLYWOOD
Hedy LAMARR
HEDY LAMARR
Hedy
LAMARR
LOS
ANGELES

Hollywood, y lo primero que hicieron con ella fue cambiarle el nombre. Bueno, en realidad, el apellido, porque ella ya se hacía llamar Hedy. Louis propuso el de Lamarr en honor a una actriz que había cortejado en sus tiempos mozos, que se llamaba Barbara La Marr y que también era *guapisísima*.

Después de algunos meses de prepararse con clases de inglés, de interpretación, de baile y, por supuesto, con alguna fiestecilla que otra, Hedy se estrenó en Hollywood. La peli se llamaba *Argel* y tuvo tanto éxito que la convirtió en una estrella. Las mujeres copiaban sus vestidos y sus frases y, lo que es mejor, tenía a los críticos rendidos a sus pies.

Lo malo fue que no todos los filmes que hizo después tuvieron tanto bombo. Resulta que Hedy era muy buena para actuar, pero no tenía muy buen ojo para elegir. No paraba de hacer pelis malillas, de esas que te pones para echar la siesta, y rechazaba otras que después se convirtieron en auténticos clásicos, como *Casablanca,* que es muy romántica, o *Luz que agoniza,* que es una de mucho miedo que le encanta a mi abuela. Estas pelis las acabó haciendo otra mujer que también había llegado de Europa, Ingrid Bergman, y gracias a ellas se convirtió en la actriz más famosa del mundo. Hedy, claro está, no la podía ver ni en pintura. Menos mal que decidió hacer *Sansón y Dalila,* que es un peliculón, y volvió otra vez al candelero (o al candelabro, como dice mi abuela Leo).

PHOTOPLAY
15¢
May
H. K. MARKEY ET AL
SECRET COMMUNICATION SYSTEM
Filed June 10, 1941
The Truth about THE STARS IN SERVICE
HEDY LAMARR
Hedy LAMARR
Hedy LAMARR

Fig. 2
Fig. 3.
Hedy Kiesler Ma
George Antheil
HEDY LAMARR
$e^{i\pi}+1=0$

CAPÍTULO 6

Aunque, desde fuera, la vida de una estrella de Hollywood pueda parecer la mar de divertida, la realidad era que Hedy se aburría a más no poder. Pasaban meses desde que acababa una peli hasta que empezaba otra. Para no perder el tiempo entre fiestas y convites que ni le iban ni le venían, a Hedy no se le ocurrió otra cosa que dedicar esas horas muertas a inventar. De algo le tenían que servir sus estudios de Ingeniería.

En esos momentos, la guerra estaba en lo más alto. De hecho, los Estados Unidos ya estaban metidos a tope en ella y querían cantarles las cuarenta a los nazis alemanes. Debido a su antiguo matrimonio con Mandl, Hedy conocía de buena tinta todos los dimes y diretes del bando fascista (que era el que manejaban Hitler y Mussolini), y les contó a los americanos con pelos y señales todo lo que en su momento había escuchado de extranjis. Pero eso no le parecía suficiente, ella tenía un plan para acabar con la maldita guerra de una vez por todas.

La idea de Hedy era la siguiente: quería inventar un sistema de comunicación supersecreto que cambiara todo el rato de frecuencia para que las señales enviadas no pudieran ser interceptadas por el bando enemigo. De esta manera, si los

ANGLE TRANSFORMATION (IN 10 STEPS OF 36 DEGREES)
36°
72°
108°
144°
180°
216°
Fig. 5.
$e^{i\pi}+1=0$

americanos quisieran dirigir, por ejemplo, un torpedo a un barco alemán, sería imposible que estos lo impidieran porque, mientras intentaban descifrar los códigos, la frecuencia ya habría saltado y tendrían que empezar de cero. Yo soy más de letras que de ciencias y me cuesta un poco entenderlo, pero me suena a como cuando estás hablando con un amigo por el *walkie-talkie* y, para que nadie oiga la conversación, cambias de canal.

Para conseguirlo, Hedy se alió con un pianista llamado George Antheil, que de guerras no sabía nada, pero de pianolas mucho. Aunque parezca raro, este instrumento era perfecto para la idea de Hedy, pues, para hacer sonar una pianola, hay que girar una especie de manivela que lee una hoja perforada en la que cada agujero se corresponde con una nota del piano. Vamos, parecido a las cajitas de música de toda la vida. A Hedy y a George se les ocurrió que lo de las hojas perforadas era ideal para su sistema de comunicación, porque en vez de notas cada hueco les serviría para cambiar a una frecuencia diferente.

Hedy no cabía en sí de gozo. Como no lo había hecho por dinero (ni falta que le hacía porque estaba forrada) regaló el invento directamente a los americanos. Pero estos no estaban tan entusiasmados como ella y, de momento, lo rechazaron porque creían que era muy difícil llevarlo a la práctica. Hedy estaba indignada, ella sabía que su invento era la pera limonera. Yo creo que lo que pasó fue que los jefazos del ejército solo la veían como una actriz guapísima y no les cabía en la cabeza que alguien así pudiera tener algo más que serrín en la sesera.

Para acabarla de rematar, le propusieron que podía ayudar al ejército de otra manera totalmente diferente: vendiendo besos a los soldados para pagar la guerra. Hedy tuvo que tragarse su orgullo como nunca antes lo había hecho, pero pensó que debía tener paciencia y que, si ella cedía en eso, quizás después podría presionar para que le hicieran más caso a su invento. Como era de esperar, la venta de besos fue todo un éxito: los soldados hacían colas interminables para, finalmente, rozar sus labios con las delicadas mejillas de Hedy. Con la tontería de los besos sacaron más de siete millones de dólares.

La guerra acabó y el proyecto de Hedy se quedó cogiendo polvo en el cajón de algún mandamás del gobierno americano, hasta que en los años sesenta su invento fue utilizado para espiar al enemigo en la Guerra Fría (que fue cuando los soviéticos y los yanquis se querían atacar, pero ninguno se atrevía a dar el primer paso). Su idea del salto de frecuencia serviría, muchos años después, para desarrollar cosas tan alucinantes como el GPS, el *bluetooth* e incluso el wifi.

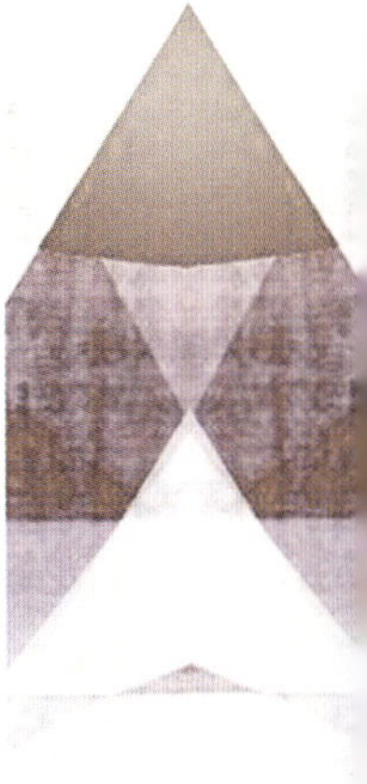

CAPÍTULO 7

Ahí estaba la mujer más bella del mundo con un invento que iba a cambiar la historia de la humanidad para siempre. No sé vosotros, pero yo no me puedo imaginar la vida sin conexión a internet, será que siempre he vivido con ello. Y eso que no soy de las que están todo el día jugando con el móvil o viendo pelis en la tableta; prefiero salir con mi patín e ir a toda pastilla por la cuesta de debajo de mi casa. Por cierto, hablando de pastillas, Hedy también inventó unas que, mezcladas con el agua, se convertían en gaseosa y te quitaban la sed en un santiamén.

El caso es que, entre inventos y pelis, le dio tiempo a casarse cinco veces más: con un guionista, un actor, un músico, un petrolero millonario y un abogado al que conoció mientras se separaba de su quinto marido. Ya hay que tener ganas de organizar seis bodas, con lo cansado y estresante que tiene que ser. Eso sí, aunque ningún matrimonio le duró demasiado, gracias a ellos tuvo tres hijos como tres botijos, uno con el guionista y otros dos con el actor.

Después de la guerra, el trabajo como actriz (que era el que le hacía ganar las habichuelas de verdad) le empezó a escasear. Es lo que pasa con el mundillo de Hollywood, que es muy

Prefiero salir con mi patín e ir a toda pastilla

caprichoso y, cuando te quieres dar cuenta, ya estás pasada de moda. El teléfono solo sonaba para recordarle que tenía que pagar el recibo de la luz y del gas. Y como tampoco frenaba su lujoso tren de vida, sus ahorros iban menguando a la velocidad de la luz. Había días en los que, de pura desesperación, cogía «prestados» unos vestidos de una tienda o una crema para las arrugas y, claro, acababa durmiendo en la cárcel. Como la gente no se podía imaginar que la gran artista Hedy Lamarr no tuviera dinero, empezaron a decir que era cleptómana, que es cuando robas cosas que no necesitas por el simple placer de hacerlo.

Pero lo cierto es que Hedy estaba pasando apuros de verdad. Menos mal que tenía muy buenos amigos, como el cantante Frank Sinatra, el de *New York, New York,* que siempre que la veía agobiada le prestaba dinero. Y mira que ella la mayoría de las veces, por no molestar, no le decía ni mu y se iba a la cama sin cenar y con el estómago aullando. Para que las cosas no fueran a mayores, tuvo que vender sus vestidos, su mansión en Miami y alguna chorrada más de esas que tienen los millonarios y que tampoco les hacen tanta falta.

Hedy vivió soltera los últimos treinta y cinco años de su vida. Decía que mejor sola que mal acompañada, que es una verdad como un templo. Aunque todas las noches, con voz muy bajita para que no lo escuchara ni ella misma, le pedía a la luna enamorarse. Yo creo que, como buena escorpio, era una romántica empedernida. Pese a todo, ella no dejaba que la vida se le fuera de las manos: jugaba al ajedrez para mantener su cabeza ordenada, pintaba cuadros en el suelo para seguir expresando lo que sentía o le daba por mejorar el sistema de los semáforos. Así que aburrirse, no se aburría.

Los años pasaban y, poco a poco, la vida de Hedy se iba apagando. Murió con ochenta y cinco años, ciega y sin saber que todos los nueve de noviembre, por ser su cumple, se iba a celebrar el día del inventor. ¡Casi nada!

Está claro que la vida es corta pero todo lo ancha que tú quieras, porque a Hedy le dio de sí una barbaridad. Yo no sé si llegaré a hacer la mitad de las cosas que hizo ella, pero me quedo mucho más tranquila al saber que, como me ha dicho mi tío Nacho, no tengo que elegir una sola y que la vida da muchas vueltas y a saber qué tiene pensado para mí. Por lo pronto voy a vivirla, que ya es bastante.

Y aquí acaba la historia de Hedy Lamarr, o como a mí me gusta llamarla, Hedy, el cerebrito que salía en pelis.

CURIOSEANDO

HOLLYWOOD

En los años 40, los que cortaban el bacalao en la meca del cine eran los cinco grandes estudios: Paramount, RKO, Warner Bros, 20th Century Fox y, cómo no, Metro Goldwyn Mayer, con el que Hedy se ganaba el pan. Los muy puñeteros controlaban absolutamente todo, desde el trabajo de actores y directores, que no podían decir ni esta boca es mía, hasta el precio de las entradas. Se dedicaban a hacer pelis como churros, como si estuvieran fabricando bombillas; para ellos el cine era más un negocio que un arte.

Aun así, en esa década se realizaron películas muy molonas que hoy son auténticos clásicos, como *Ciudadano Kane* (que algunos consideran la mejor peli de todos los tiempos), *¡Qué bello es vivir!* (en mi familia la vemos juntos cada Nochebuena), *El Halcón Maltés* (que es una policiaca de mucha intriga y suspense) o *Casablanca* (la que rechazó Hedy y lanzó al estrellato a la sueca Ingrid Bergman).

10 inventazos hechos por mujeres

El primer programa de ordenador (1843): Ada Lovelace

La máquina para hacer
helados (1843): Nancy Johnson

La balsa salvavidas (1882): Maria Beasley

La escalera de incendios (1887): Anna Connelly

La jeringa (1899): Letitia Geer

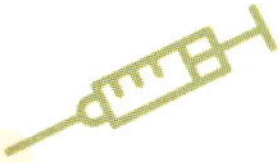

El limpiaparabrisas (1905): Mary Anderson

El filtro para la cafetera (1908): Melitta Bentz

La nevera (1914): Florence Parpart

La calefacción central con gas (1919): Alice Parker

La fibra para los chalecos antibalas (1965): Stephanie Kwolek

VIENESES FAMOSOS

María Antonieta (1755-1793)

Aunque nació en Viena, fue reina de Francia después de casarse con Luis XVI, más conocido como el delfín, que no sé muy bien por qué lo llamaban así porque me ha dicho mi padre que no era muy inteligente. Se hizo muy famosa porque, mientras su nuevo país pasaba más hambre que el perro de un ciego, ella se dedicaba a despilfarrar, haciéndose un jardín muy coqueto o comprándose los vestidos más caros y los sombreros más extravagantes. Los franceses le achacaron muchos de sus problemas, se les hincharon las narices, la sacaron de los pelos de su palacio y la mataron con la guillotina. Fue el momento en el que se desató la Revolución francesa (donde nacieron las ideas de «Libertad, igualdad, fraternidad»), y desde entonces no ha habido más reyes en Francia.

Gustav Klimt (1862-1918)

Este artista es muy fácil de reconocer porque hace muchos retratos femeninos y utiliza el color dorado como si no hubiera un mañana. Para mí sus obras son muy originales, pero también un poco extrañas: y es que normalmente pinta de manera muy real el rostro, pero el resto del cuadro es bastante abstracto, como si hiciera un *collage* con muchos colorines y formas geométricas diferentes (a mí me recuerda un poco a las mantas que tiene mi abuela Leo en casa).

Sigmund Freud (1856-1939)

A este médico se le considera el padre del psicoanálisis, que es algo así como el estudio del inconsciente, de la parte que no conocemos de nosotros mismos. Si lo he entendido bien, sería como lo que le pasa a mi padre con los perros: no sabe por qué, pero cuando se cruza con uno siempre cambia de acera. Lo que haría un psicoanalista es buscar en su inconsciente para entender el problema, porque quizás lo que tuvo mi padre fue algún tipo de trauma con perros del que ya no se acuerda. El trabajo de Freud para intentar saber cómo funciona nuestra mente hizo de él una de las personas más influyentes del siglo xx.

todos los nueve de noviembre, por

HEDY EN UN PISPÁS

1913 Hedy nace en Viena.

1930 Debuta en el cine con la película *Dinero en la calle.*

1933 Rueda *Éxtasis.*

1933 Se casa con Fritz Mandl.

1937 Conoce a Louis B. Mayer y se va a Hollywood.

1939 Adopta a su primer hijo, James.

1942 Patenta su invento del sistema de comunicaciones secreto.

1949 Hace su mejor película: *Sansón y Dalila.*

1962 Se usa su invento por primera vez durante la Guerra Fría.

2000 Muere en Orlando, Florida.

ser el cumple de Hedy, se celebra el día del inventor